Johannes Kunz

Kaffeegeschichten rund um den Globus

Wiesenburg Verlag

Bibliographische Information der
Deutschen Nationalbibliothek:

Die Deutsche Nationalbibliothek verzeichnet diese
Publikation in der Deutschen Nationalbibliographie;
detaillierte bibliographische Daten sind im Internet
über http://dnb.ddb.de abrufbar.

1. Auflage 2017
Wiesenburg Verlag
Postfach 4410 · 97412 Schweinfurt
www.wiesenburgverlag.de

Umschlaggestaltung & Layout:
Media-Print-Service · Dittelbrunn

ISBN 978-3-95632-608-0

Kaffeegeschichten auf verschiedenen Kontinenten

„Kaffeegeschichten rund um den Globus“

Die Idee zu einem Buch über verschiedene Cafés, Bars und Orte, die ich bereiste, hatte ich schon länger. Ich hatte zwei Reisebücher, genauer gesagt Erlebnisberichte verfasst, die auch publiziert wurden. Danach schrieb ich intensiv an meinem geliebten Roman „dem Horizont entgegen“, den ich im Jahre 2016 veröffentlichte. Anschließend war es mir ein persönliches Anliegen, die Geschichte eines ehemaligen Straßenkindes aus Brasilien aus seiner Perspektive in Monologform zu erzählen. Als dies abgeschlossen war, hatte ich nach einiger Zeit erneut Muße für ein neues Projekt. Eines Tages suchte ich unzählige Fotos von meinen Reisen aus, die ich rund um den Globus unternommen hatte. Ich wählte diese nach Themenbereichen aus, nach Café bzw. Restaurantbesuchen und verband diese mit meinen persönlichen Erinnerungen und Begegnungen mit Freunden, Reisenden und Menschen, die ich traf. Ich wollte ebenfalls auf gewisse Bücher und Autoren verweisen, die aus dem jeweiligen Land oder der Stadt, die ich besucht hatte, stammen und welche ich mit Freude gelesen habe. Die Erfahrungen sind alle subjektiv, ich habe versucht, diese mit meinen Worten wiederzugeben und bei einigen Geschichten sehr persönliche Stimmungen und Emotionen eingefügt, die sich teilweise wie ein Monolog lesen. In meinen Gefühlen schwingen Nostalgie sowie Melancholie mit, wenn ich daran denke, wieviel ich erlebt habe und wie jung ich vor einigen Jahren gewesen war. Auch bin ich nicht mit allen erwähnten Personen in Kontakt geblieben. Das ist ebenfalls der Lauf der Dinge, dass das Leben sich aus Veränderungen zusammensetzt, das Leben ändert sich, Menschen ändern sich und Orte ebenfalls. Viele Orte, die ich besuchte, assoziiere ich mit den Menschen, die ich traf und umgekehrt ebenso. Im Leben hat alles seine Zeit. Ich bin froh und dankbar, dass ich diese ausgewählten Orte und Cafés besuchen durfte und es war eine Freude für mich, diese Geschichten zu verfassen und zu editieren. Bekannte und Freunde haben mich oft gefragt, ob ich denn nicht weitere Reisebücher schreiben wolle. Nun, Stoff habe ich genug, jedoch möchte ich momentan lieber Romane verfassen. Ich bin dankbar, dass mir die finanziellen Mittel zur Verfügung standen und ich in so weit entfernte Orte wie Feuerland, Patagonien, nach Hokkaido und Australien reisen konnte und wunderbare, warmherzige Menschen traf, sowie eine grandiose Natur betrachten durfte. Es sind Erinnerungen, die sich mir eingebrannt haben, in mein Gedächtnis und in mein Herz. Von Anfang an hatte ich beschlossen, dass es eher ein kleines Buch mit ausgewählten Geschichten und Anekdoten werden sollte. Ich hoffe, dass es mir etwas gelungen ist und dass meine Sprache es dem Leser ermöglicht, an meinen manchmal sehr persönlichen Erfahrungen teilzunehmen. Vielleicht ist es eine Anregung für die Leser, an einige der Orte zu reisen. Mir war es wichtig, dass viele Fotos der besuchten Orte im Buch abgebildet werden - denn ein Bild sagt mehr als tausend Worte, wie ein

Sprichwort sagt. Viel mehr möchte ich als Vorwort nicht schreiben, ich wünsche den Lesern viel Spaß mit den Geschichten. Vielleicht bei einer Tasse guten, kolumbianischen Kaffees.

„Café Hugo, Place des Vosges, Paris“

Kaum eine Stadt verfügt über eine so große Dichte an Cafés wie Paris. Mich hat es an einem sonnigen Septembermorgen zum Place des Vosges gezogen, genauer gesagt zum Café Hugo. Ich nahm draußen Platz, die Sonne schien verschwenderisch auf einem azurblauen, jungfräulichen Himmel und ich bestellte einen Café Creme sowie ein Schokoladencroissant. Ich beobachtete die vorüberziehenden Menschen, die Autos. Ein Taxi hielt und eine reich gekleidete Dame stieg aus, knipste einige Fotos vom Place des Vosges, dann stieg sie wieder ein und fuhr nach nicht mal zwei Minuten davon.

Währenddessen genoss ich meinen Kaffee und mein Croissant. Meine Gedanken schweiften zu Victor Hugo ab, nach welchem das Café benannt ist. Nicht weit davon entfernt kann man ein Haus besichtigen, in welchem der berühmte Schriftsteller lebte. Ich dachte an „die Elenden“, die ich gelesen hatte und musste feststellen, dass niemand mehr an die großen Schriftsteller heranreichte. Die großen Romane sind alle schon geschrieben, die meisten im 19. Jahrhundert. Natürlich gibt es heutzutage noch Talente und gute Romane-aber

an die Qualität eines Hugo oder Dickens reichen diese nicht mehr. Das muss aber auch nicht sein oder ist einfach von der Zeit nicht mehr gegeben- es hängt vielleicht auch damit zusammen, dass man heute nicht mehr solche gewaltigen Worte und Sätze formt. Selbst der Autor dieses Buches, dieser zusammengesetzten Cafébesuche, die um die Welt stattfanden, hat einen Roman geschrieben, den er liebt, wie sein eigenes Kind. Und für den Autor ist sein eigener Roman auch das wichtigste! Für jeden Autor, denn er bringt seine eigenen Gedanken und Gefühle ein, formt diese, editiert und nach langer Zeit ist dann der Roman fertig. Aber es handelt sich immer um das Gedankengut des jeweiligen Autors, das darf man nie außer Acht lassen.

Als Erinnerung an diesen Cafébesuch kaufte ich eine Kaffeetasse mit dem eingravierten Namen des

Cafés, schlenderte anschließend durch den Place des Vosges, wo ich mich eine Weile auf eine Bank setzte und die spätsommerlichen Strahlen der Sonne auffing.

Schließlich besichtigte ich das Haus von Hugo, welches sehr opulent ausgestattet ist und in welchem der Autor ein gutbürgerliches Leben genießen konnte. Ich spazierte zum Pere Lachaise, wo ich das Grab von Jim Morrison besuchte. Es standen frische Blumen darauf, die Fans mitgebracht hatten. Ein Bus brachte mich wieder zum Quartier Latin, in welchem sich meine Wohnung befand, die ich für eine Woche gemietet hatte. In einer Buchhandlung kaufte ich mir ein kleines Buch von Eluard. An der Rue Mouffetard genehmigte ich mir noch einen Kaffee, blätterte in meinem Buch und nahm auf diese Weise weiterhin aktiv am Pariser Leben teil.

CAFE
HUGO

„Café Van Gogh, Arles“

Vincent Van Gogh wohnte eine Weile in Arles in Südfrankreich. Als ich zwei Wochen im November in Montpellier verbrachte, um mein Buch „Überleben in Rios Straßen“ zu schreiben, fuhr ich an einem sonnigen Tag mit dem Zug dorthin. Es befindet sich ungefähr eine Stunde von Montpellier entfernt. Die Arbeiten an meinem Buch nahmen mich sehr in Anspruch, aber meistens schrieb ich erst ab dem Spätnachmittag. Davor hatte ich keine Muse. Täglich schrieb ich fünf bis sechs Seiten, bis das Manuskript fertig war. Danach editierte ich meinen Text einige Male, bis mich das Ergebnis zufrieden stellte. Währenddessen habe ich einige Gläser des wunderbaren Rotweins der Languedoc Provinz getrunken. Noch nie hatte ich ein Buch in so kurzer Zeit verfasst, aber die Geschichte konnte ich flüssig schreiben, denn sie hatte sich bis zum Ende in meinem Kopf verankert.

Jedenfalls tat es mir gut, einen Ausflug zu unternehmen. Zuvor war ich schon nach Avignon, Narbonne und Perpignan gereist, und die Zeit in der Provence sowie der Languedoc tat meinem Gemüt sehr gut. Ich hatte mir eine Wohnung gemietet, um das Manuskript

zu schreiben und hatte die Ruhe, ungestört meiner Kreativität zu frönen, was sehr wichtig war. Ich mag es nicht, während einer kreativen Phase von anderen abgelenkt und gestört zu werden. Dann kann ich nicht mehr schreiben und ich verliere die Muse.

Van Gogh ist mein Lieblingsmaler und er war ein absolutes Genie. In welch kurzer, aber intensiver Schaffenszeit er so viele Bilder, Aquarelle und Zeichnungen anfertigte, ist unglaublich und verdient den größten Respekt. Seine Bilder sind beeindruckend und er lebte doch so bescheiden. In vielen Bildern erkenne ich immer wieder neue Details, die mir anfangs beim Betrachten nicht aufgefallen waren. Die Pinselstriche, die Farbtöne, die Schattierungen. Wenn jemals ein Maler ein Meister war, so war er das. Leider war das Museum an besagtem Tag geschlossen, so besuchte ich

stattdessen das Café Van Gogh, welches geöffnet hatte. Van Gogh hatte die Außenterrasse auf dem Bild „Caféterrasse am Abend“ festgehalten. Diese sieht heute etwas verändert aus, aber mit etwas Fantasie kann man sich in den Zauber des Bildes hineinversetzen. Ich war an jenem Nachmittag der einzige Gast und trank im Innenraum einen Kaffee. Die Einrichtung wurde seit dem 19. Jahrhundert nicht besonders verändert und man kann die Atmosphäre von damals einatmen. Vielleicht saß ich sogar auf einem Stuhl, auf welchem Vincent damals Platz genommen hatte. Das Café war innen gelb angestrichen und diese Farbe hatte viel Verwendung bei Vincents Gemälden. Arles hat mir gut gefallen, das Amphitheater, das Ambiente der Stadt und nicht zuletzt das sonnige Wetter. Nach meinem Spaziergang setzte ich mich auf die Steintreppen an der

Rhone und ließ mich von der herbstlichen Sonne leidenschaftlich küssen. Ich war alleine und konnte meine Einsamkeit voll auskosten und genießen. War nicht die Einsamkeit der ständige Begleiter von mir? Und auch von Vincent. Von vielen Menschen unverstanden, suchte er sein Glück im Malen von Bildern. Er sagte einmal, „die Sterne lassen mich träumen". Ich stellte mir sein Bild „Sternennacht" vor, sowie „Sternennacht über der Rhone". Van Gogh malte wenige Abend bzw. Nachtbilder, dennoch sind diese erwähnten einige seiner berühmtesten Gemälde, die aus seiner Zeit in Arles stammen. Kurz nach seinem Aufenthalt in einem Sanatorium reiste der berühmte Maler nach Auvers sur Oise, welches sein letzter Aufenthalt auf Erden darstellen sollte.

LE CAFE LA NUIT

„Café Vittorio Emanuele, Bologna"

Mit Bologna verbindet mich sehr viel. Die Stadt hätte ich aber wahrscheinlich nie besucht, wenn nicht ein früherer Bekannter von mir dort studiert hätte und der mich oft ersuchte, ihn dort zu besuchen. Dem stimmte ich zu und reiste von Freiburg mit dem Zug über die Alpen nach Bologna. Die Fahrt durch die Schweiz war sehr malerisch, am Thuner See entlang und führte durch viele Tunnel. Sie dauerte über sieben Stunden. Bologna beherbergt die älteste Universität der Welt und galt im Mittelalter als eine der wichtigsten Städte in Europa, da es auf der Nord Süd Achse liegt, also ein Knotenpunkt ist. Ein Viertel der Bewohner sind Studenten, viele absolvieren dort Erasmus und sie verleihen der Stadt einen jungen Charme. Die Atmosphäre ist ungezwungen, man kleidet sich, wie man will und man findet dort keinen Snobismus wie in Mailand.

Die Stadt gefiel mir auf Anhieb, die lockere Atmosphäre an der Piazza Verdi und in der Via Zamboni, in welcher man sich wegen den Studenten einige Jahre jünger fühlt. Dort befinden sich auch einige Universitätsgebäude. Bei meinem zweiten Besuch in der Hauptstadt der Region Emilia Romagna dachte ich mir, dass ich vielleicht jemanden treffen könnte und arrangierte ein Date. Nie im Leben wäre mir der Gedanke gekommen, dass mehr daraus werden könnte, aber an jenem Abend war die Liebesgöttin Venus anwesend. Es war romantisch und „Amore“ kam nicht zu kurz. Im fahlen Schein der kleinen Teelichter blickte ich in Augen, die mich verzauberten und in denen ich ertrank. In Kürze schwebte ich auf Wolke Sieben. Wir beide. Wir mussten uns unbedingt wiedersehen. So versprach ich, Sylvester bei dir zu verbringen. Gegen Mitternacht öffneten wir eine Flasche Sekt und betrachteten das Feuerwerk vom Balkon der Wohnung in der Via Zaccconi im San Donato Viertel. Die Wohnung und die Stadt wurden mir ein zweites Zuhause und unsere lockere, liebevolle Beziehung war durch Freiheit und viele Ausflüge gekennzeichnet. Ich habe nur die besten Erinnerungen daran und verbrachte insgesamt, über mehr als ein Jahr verteilt, vier Monate dort. Die Leidenschaft flammte immer wieder auf, wie ein Feuer, das nicht verlöscht. Und so muss man auch die Liebe aufrechterhalten, man darf sie einfach nicht verglühen lassen. Irgendwann hatte ich neue Pläne und wir beide unterschiedliche Wege vor uns, die wir beschreiten wollten. Wir blieben dennoch in Kontakt, bis dieser sich irgendwann wie Staub im Wind zerstreute. Wie viele Ausflüge wir unternahmen! Wir waren mindestens vier Mal in Venedig, in Florenz und besuchten ebenfalls Padua, Ferrara, Mantua, Prato, Lucca, Modena, Ravenna, Rimini, Parma, Ancona, Mailand, Reggio und Verona. Den Gardasee. Von Bologna aus erreicht man diese Orte mit den Regionalzügen in ein bis zwei Stunden, so dass wir oftmals spät am Abend sehr müde mit dem letzten Zug zurückkehrten. Wir führten ein normales Leben, kauften im Supermarkt ein, liefen barfuß durch den Park Margarita und kochten zu Hause leckeres Essen. Manchmal luden wir uns gegenseitig in eine Pizzeria ein oder wir kauften uns einfach in einem Pizzaimbiss an der Ecke unser Essen. Wir hatten nie Streit und wenn es mal zu einer kleinen Meinungsverschiedenheit kam, dann bereinigten wir diese schnell. Wir waren beide harmoniebedürftig. Zwillinge und Schütze- existiert eine bessere Kombination? Wir erlebten Sonnenuntergänge vom Piazzale Michelangelo in Florenz, über dem Canale Grande in Venedig, wir froren und wärmten uns im Winter an Bushaltestellen, wir küssten uns im Kino und liefen zum Kloster San Lucca hinauf. Unzählige Male fuhren wir mit dem Bus nach Casalecchio di Reno, um dort japanisch zu essen und uns im Kino einen Film anzuschauen. Oder im Wald spazieren zu gehen.

Hatten wir eine Affäre oder war es eine Beziehung? Meine Frage hast du so beantwortet: wir hatten eine wunderschöne Zeit, wir brauchen diese aber nicht zu definieren. Die Antwort gefiel mir, ließ mich aber dennoch nachdenklich werden, denn ich glaube, für mich war es definitiv eine Beziehung. Wir waren auch emotional verbunden, wir liebten ähnliche Dinge, auch wenn wir manchmal andere Ansichten hatten. Andere Freunde. Andere Werte, aber wer ist sich schon identisch? Wir schwammen auf der gleichen Welle und ich

liebte die Romantik, die kleinen Teekerzen, die das Zimmer und dein Gesicht so hübsch beleuchteten und als wir uns in die Augen sahen, war es Magie! Es war unglaublich, ich erlebe diesen schönen Moment immer wieder, wenn ich daran zurückdenke. Wenn man etwas sagt, was man nicht sagen will, aber die Lippen bestimmte Worte formen, dann muss es wahr sein. Ich wollte sagen, „ich mag dich“, aber die Worte, die ich sprach waren „ich liebe dich“ und in diesem Moment waren sie wahr. Ich habe sie nie inflationär gebraucht. Wir hatten ein großes Bett, kuschlige Decken für den Winter und einen notwendigen Ventilator für die heißen Sommernächte, in denen wir uns leidenschaftlich liebten. Wir kümmerten uns um einander und du wusstest immer, wie ich gelaunt war.

Als ich nun einige Jahre später im Café Vittorio Emanuele an der Piazza Maggiore sitze, denke ich über diese Zeit nach und bin dankbar dafür. Wir hatten unser Leben bereichert. Die Zeit ließ sich nicht zurückdrehen, aber wir haben diese Zeit zusammenerlebt und gemeinsame Erinnerungen und Erfahrungen gesammelt. Vielleicht ist es manchmal besser so, dass man eine bestimmte Zeit zusammen verbringt und dann seiner Wege zieht. Es kann sogar sein, dass es so das Beste ist. Man behält die schönen Erinnerungen, die man geteilt hat. Wer weiß, ob es schön geblieben wäre, wenn man zusammen weitere Jahre verbracht hätte? Mein Traum war es, nach Australien zu reisen und du hast mich immer unterstützt und mich ermuntert, diese Träume zu verwirklichen. Aber ein Traum verwirklicht sich, ein anderer ist vorbei.

Meine Gedanken kreisen zu italienischer Literatur. Ich liebe die Gedichte von Leopardi, in denen er oft den Mond beschrieben hatte. Bücher von Pasolini, Gedichte von Mario Luzi, Sandro Penna, Giuseppe Ungaretti. Einige Romane von Salgari, von Fabio Volo, Erri de Lucca. „Montedidio" hatte ich durch Zufall in einer Buchhandlung gefunden und liebe diesen Roman, der in Neapel spielt. Pasolini stammte aus Bologna. Seine Jesusverfilmung ist die schönste. Seine Adoption über „die Geschichten aus 1001 Nacht" mein Lieblingsfilm von ihm.

Ich blicke auf den Neptunbrunnen. Ein Lächeln zeichnet sich auf meinem Gesicht ab. Einige Jahre zuvor stieg ein spanischer Student in einer Sommernacht in den Brunnen und genoss das kühle Wasser. Für mich war er an diesem Abend Neptun.

Die „Osteria Orsa" besuchten wir ebenfalls oft. Eine Institution in Bologna mit hervorragender Küche, in der Spagetti Ragout (Bolognese), Tortellini, Lasagne und andere Spezialitäten serviert wird. Die Region Emilia Romagna ist ein kulinarisches Traumland.

Ich schlendere die Via Indipendenza entlang und erreiche Bologna Centrale, den Bahnhof, wo ich viele Male ankam, aber auch abfuhr. Ciao Bologna!

„Rooftop Terraco Café Galeria in Cascais und Café A Brasileira in Lissabon"

Ich nahm in einem Vorstadtzug vom Cais do Sodre in Lissabon Platz, welcher mich nach Cascais brachte. Die hübsche Küste zog an meinem Auge wie ein Stummfilm vorbei. Vom Bahnhof schlenderte ich an einem Mainachmittag durch die Straßen auf der Suche nach einem gemütlichen Plätzchen, fernab der Touristencafés. Nachdem ich durch einige Seitengassen spazierte, stand ich vor einer Treppe, welche zu einem kleinen Café gehörte, das eine Dachterrasse besaß. Ich trat hinein, stieg die Innentreppe hoch, vorbei an Azulejos, Körben, Bildern und Blumentöpfen und befand mich im Café, zu welchem die besagte Außenterrasse gehörte. Diese war mit Fischernetzen bedeckt, es standen Pflanzen herum und gemütliche Sitzpolster luden zum Verweilen ein. Angenehme Temperaturen um die 25 Grad und ein blauer Himmel mit einigen Kumuluswolken rundeten mein Wohlbefinden ab. Bei einem freundlichen, jungen Portugiesen bestellte ich eine Schale Milchkaffee sowie ein Stück Kuchen, welches er mir mit einem Lächeln auf seinem hübschen, gebräunten Gesicht servierte. Ich genoss meine Individualität und

entschwand in einen Tagtraum. Der Kaffee wurde in einer mit einem Muster verzierten, aus Keramik hergestellten Tasse serviert und der Kuchen lag lustvoll auf einem scharlachroten Teller, in der Form einer Raute. Die Wolken zogen träge über mich, der ich mich ebenfalls einer Trägheit hingab und über die Dächer von Cascais blickte. Im Café befanden sich noch einige Studenten und eine Familie. So genoss ich einen herrlichen Nachmittag, hing meinen Gedanken nach und wurde inspiriert zu einem Kapitel eines Manuskriptes, welches mir schon seit längerer Zeit durch meinen Kopf spukte. Der Tagesausflug lohnte sich für mich, ich hielt einige Ideen und Gedanken schriftlich auf einer Serviette fest und schlenderte anschließend gemächlich durch die kleinen Gassen zum Bahnhof zurück. Meine Unterkunft befand sich in Lissabon.

Dort angelangt konnte ich nicht widerstehen, zu Fernando Pessoas Lieblingscafé im Chiado zu schlendern, dem „Café A Brasileira“. Vor dem Café befindet sich eine Statue von Pessoa, im Gedenken an den Lyriker und mittlerweile wohl bekanntesten portugiesischen Schriftsteller des 20. Jahrhunderts. Ich setzte mich hinein, da draußen alle Tische besetzt waren und bestellte dort einen Kaffee, versuchte mich in die Atmosphäre der 20 er Jahre des vorherigen Jahrhunderts zurückzuversetzen, was mir aber nur schwerlich gelang, denn es waren viele Gäste im Raum und der Lärm lenkte mich ab. Gut möglich, dass ich auf demselben Stuhl saß wie einst Pessoa, wobei letzter mehr Alkohol zu sich nahm, bis seine Leber versagte. Ich war froh, hierhergekommen zu sein und bedankte mich im Stillen bei Pessoa für sein „Buch der Unruhe“, welches ich mit großem Interesse las und für mich eines der besten Bücher des letzten Jahrhunderts darstellt.

„Konditorei Oberlaa, Wien“

Als ich noch klein war, reiste ich mit meiner Großtante Magda in einem Reisebus ins Ötztal nach Österreich. Damals fiel mir schon die Schönheit unseres Nachbarlandes auf, verträumte Wälder, majestätische Berge, dunkelgrüne Seen und Balkone voller Geranien, die die Holzhäuser schmückten. Leider blieb diese Reise für viele Jahre meine Einzige dorthin. Erst als ich meine 30 Lenze überschritten hatte, unternahm ich eine Reise nach Wien, in die Hauptstadt.

Wie schon einige Male zuvor, hatte ich mir auch für diese Reise eine Ferienwohnung für eine Woche gebucht, welche zentral unweit des Westbahnhofes gelegen war. Leider war der Rauch des Vermieters in den Wänden fest verankert. Aber es war dennoch eine gemütliche, bewohnte Wohnung.

So hatte ich genug Zeit, in einer Frühlingswoche, die von Sonne und Regen bestimmt war, diese interessante Stadt zu erkunden.

Ich besuchte natürlich die spanische Hofreitschule, den Prater mit dem berühmten Riesenrad und schlenderte durch verschiedene Parks. Der imposante

Stephansdom beeindruckte mich ebenfalls, genauso wie die Oper.

Mit einem Musiker, der in Wien wohnte und zu dem ich Kontakt aufnahm, verabredete ich mich in der Johannesgasse in Wien. Unser Ziel war die Konditorei „Oberlaa", ein Traditionshaus im Wiener Zentrum. Gemütlich schlenderten wir durch die Straßen und bestellten Wiener Melange und zwei Stücke Kuchen, er Sachertorte, ich einen Fruchtkuchen. So vergnügten wir uns die Zeit in der nicht übervollen Konditorei und ich erfuhr einiges über das Leben eines Musikers. Er musste täglich üben und proben und hart dafür arbeiten, in einem renommierten Orchester angestellt zu sein.

Wir trennten uns schließlich und ich spazierte durch die Gassen der Altstadt, meine Gedanken bei

dem Roman „der dritte Mann“ von Graham Greene, der ja ebenfalls in Wien spielt.

Was österreichische Literatur betrifft, hatte ich erst spät etwas von Stefan Zeig gelesen, nämlich „die Schachnovelle“, sein wohl berühmtestes Buch, welches seinen Ruf als großer Schriftsteller begründete.

Zurück in der Wohnung blickte ich am Abend auf den traurigen Regen und hing meinen eigenen Gedanken über das Leben nach. Wie viele Schicksale es doch in jeder großen Stadt der Welt gibt! Wo Reichtum ist, da ist auch Armut, wo Schönheit ist, ist auch das Gegenteil vorhanden. Mein eigenes Schicksal spiegelte sich ebenfalls in meinem Handeln, meinen Gedanken wieder. Ich bin ein Reisender, der mal hier und mal dort lebt und die Eindrücke unterwegs in sich aufnimmt, aufsaugt. So würde ich mich und mein Leben beschreiben.

KONDITOREI OBERLAA

"Barcelona, „La Pedreta" und andere.."

Barcelona. Wie oft habe ich dich besucht und mich wie zu Hause gefühlt. Du wunderbare Stadt! Es lag jedoch, wenn ich ehrlich bin, an den Menschen, die ich traf, die meine Aufenthalte dort besonders werden ließen. Zum ersten Mal hielt ich mich in den 90 er Jahren dort auf, als ich mit einem Interrail Ticket quer durch Europa reiste, besonders durch Spanien, wo ich die meisten Städte Andalusiens besichtigte. Einige Jahre später war ich erneut dort, aber noch nicht süchtig nach dir. Dies geschah erst später, als ich dort ein UB40 Konzert besuchen wollte. Ich jettete zu dieser Zeit um das Jahr 2012 viel durch die Welt und konnte es mir leisten, mal in jenem Land zu verweilen oder in einem anderen Kontinent zu leben, ganz nach Belieben. Es waren also viele Jahre vergangen, in denen ich Barcelona vernachlässigt habe. Nun denn, dem Besuch im Juni 2012 sollten viele weitere folgen und ich war im Jahre 2014 und 2015 bis zu drei Mal im Jahr mindestens in der Hauptstadt Kataloniens anwesend. Meistens in den Sommermonaten, in denen ich nach dem Frühstück mit einem Bus zum Strand „Barceloneta" fuhr, im Meer badete, mich sonnte und ein Buch las. Danach aß ich oftmals einige Tapas, kehrte in meine Wohnung zurück, beantwortete Mails und traf mich mit verschiedenen Leuten. Ich hatte einige Affären dort. Die Beste war jedoch folgende Episode: Juni 2012. Wir trafen uns unweit der Sagrada Familia in der Avenida Gaudi, wo du ein kleines Zimmer gemietet hattest. Wir verstanden uns bestens, tranken Sangria und bestellten Tapas in einem kleinen Restaurant namens „La Pedreta", welches in der Carrer de la Marina lag. Es war ein angenehmer Juniabend und wir fühlten uns gut. Mein Hotel lag in der Avenida Sarria, nahe Hospital Clinic. Wir entschieden uns, danach in einer Kneipe der Ramblas Bier zu trinken. Dort küssten wir uns. Es war überwältigend, sich jung wie 18 zu fühlen und deine Zunge in meinem Mund zu spüren. Du begleitetest mich zu meinem Hotel zurück, dann wolltest du zu dir nach Hause. Ich schlief ziemlich angeheitert ein. Am nächsten Tag trafen wir uns erneut, im kleinen Park gegenüber der Sagrada Familia. Wir knutschten und tranken einen Cortado. In einem Restaurant an der Plaza Real bestellten wir Paella zum Mittagessen, genau wie viele Touristen. Du blicktest mir selig in die Augen, fragtest mich, warum wir uns nicht schon früher getroffen haben. Ich stellte mir die gleiche Frage. Meine Hand lag in deiner. Leider war unsere Zeit begrenzt, deine in Barcelona fast vorüber. Ich fragte dich, ob du Lust hättest, mit mir das Konzert am Abend zu besuchen. Die hattest du. So trafen wir uns am Abend vor dem „Razzmatazz", einer Institution in Barcelona, in welcher regelmäßig Konzerte stattfinden. Wir tranken ein Bier, dann begann das Konzert. Es war gut, ich hatte UB40 schon einmal erlebt, aber wir hatten nur Augen für uns und es war einzigartig, dich während des gesamten Konzertes zu küssen und uns zu umarmen. Zu den Klängen von „Sing your own song“, ich muss heute noch lächeln, es war eine unvergessliche Erinnerung. Es war das einzige Konzert in meinem Leben, das ich küssend verbrachte. Eine gewaltige Ausschüttung von Endorphinen. Nach dem Konzert umarmten wir uns zu den verblassenden Strahlen der Sonne. Am letzten Abend vor meiner Abreise dinierten wir in einem Restaurant in deiner Straße zu Abend. Es lag Wehmut in der Luft, aber du versprachst, am nächsten Morgen zum Bahnhof „Sants“ zu kommen, um mit mir zu frühstücken und mich zu verabschieden. Du bist wirklich gekommen, ich fand das unglaublich, es war frühmorgens und du warst da. Deinen Schlüsselanhänger von Barcelona habe ich immer bei mir, es ist eine kleine, aber wertvolle Erinnerung für mich. Weil es von dir stammt, du hast es mir geschenkt. Wie ein Schlüssel zu meinem Herzen. Du wirst immer etwas Besonderes für mich sein. Wir sind seitdem in Kontakt geblieben und zwei Jahre danach haben wir endlich das getan, was alle Liebenden tun, auf was wir seit Barcelona warteten. „Ich mag die Dinge, dir wir taten“, sagtest du mir. Ich lächelte und nahm dich in den Arm.

Leider weiltest du ein Jahr später nicht mehr in Barcelona, sondern irgendwo in Afrika. Ich hatte eine Spanierin kennengelernt, die zwischenzeitlich eine gute

Freundin wurde und mit ihr besuchte ich „Sitges“ und „Girona“.

Ich mietete mir eine kleine Wohnung unweit des Marktes von Sant Antoni, hatte eine weitere Affäre, an die ich ebenfalls gute Erinnerungen habe und genoss das Leben in Barcelona. Einige touristische Sehenswürdigkeiten besuchte ich ebenfalls, wie den Park Guell, oder den Montjuic und die Fundacion Miro, den Olympiapark. Meistens traf ich jedoch meine Bekannte und meine Affäre und trank etliche Tassen Kaffee. Meine Gedanken waren jedoch immer bei dir. Das waren einige der schönsten Tage meines Lebens, obwohl wir nur drei Tage zusammen verbrachten. Ach Barcelona, wieviel Leidenschaft hast du erlebt, wie viele Abschiede? Ich wollte nicht in der Vergangenheit leben, aber es war nur natürlich, jemanden zu vermissen, mit

dem man eine beeindruckende Zeit verbracht hat. Ich fuhr an einem Vormittag alleine mit dem Zug nach Sitges, tankte Sonnenschein an der Strandpromenade und trank einen Milchkaffee. Die Sonne schmolz meine Melancholie und gegrillter Schwertfisch ließ mich zu Kräften kommen. Der blaue Ozean vor mir. Meine Gedanken bei García Lorca, auch bei Hemingway, dessen Bücher ich liebte. Von Lorca seine Poesie. „Die Tränen von San Lorenzo" von Julio Llamazares, dieser wunderschöne Roman, den ich durch Zufall in einer Bahnhofsbuchhandlung in Valencia entdeckte und auf Spanisch las. Welcher bis heute nicht in die deutsche Sprache übersetzt wurde. Und natürlich dachte ich an meinen Lieblingsautor Alberto Vazquez Figueroa aus Teneriffa. Ich muss bis heute wohl mehr als 20 seiner Romane gelesen haben, die alle fesselnd geschrieben sind und unglaublich spannend zu lesen. Eine latent vorhandene Spannung zeichnen seine Romane aus, aber auch eine Kritik an den Ungerechtigkeiten, die auf der Welt geschehen. Ich will hier noch erwähnen, dass mir das Buch von Daniel Brühl über Barcelona ungemein gefallen hat und ich deswegen ein Riesenlob aussprechen will. Seine frische, freche Art und sein Schreibstil sind lesenswert. Sein nicht ganz konventioneller Reiseführer über Barcelona sollte man sich nicht entgehen lassen.

Die Tasse Kaffee war ausgetrunken. Ich rief den Kellner. „Otro café con leche, por favor!"

„Café Capri,
Café Atlantik,
Kastaniengarten,
Die Schachtel,
Freiburg"

Ich möchte einige Cafés und Lokalitäten aus meiner Heimatstadt Freiburg erwähnen, zumal ich diese öfter als alle anderen besucht habe und diese für mich sehr vertraut sind. Ich denke, zwei sollten mindestens erwähnt werden. Zum einen das Capri und zum anderen das Café Atlantik. Letzteres ist eigentlich eine Kneipe, Wohnzimmer für viele Studenten und Alternative, und für mich. Aber alles der Reihe nach. Ich bin in Freiburg im Breisgau aufgewachsen und seit meiner Jugendzeit habe ich öfters das Café Capri am Augustinerplatz besucht, welches zum einen als alternatives Café fungiert, zum anderen wird italienisches Eis verkauft. Die Betreiber stammen aus Italien und es ist seit der Gründung eine Institution für Intellektuelle, Künstler und Poeten. An den Wänden hängen Politposter und die Einrichtung ist rustikal aus Holz. Vielleicht ist es mir am besten in Erinnerung geblieben, da ich dort meinen guten Schulkameraden David wiedergetroffen habe, das heißt, wir haben uns dort verabredet, nachdem wir uns über 30 Jahre aus den Augen verloren hatten.

Es war ein schönes Aufeinandertreffen, wir tranken Kaffee und redeten vertraut wie in alten Zeiten. Wir waren beide aus dem Alter raus, in denen wir schachtelweise Zigaretten rauchten. Damals konnten wir in jeder Kneipe rauchen, aber die Zeiten hatten sich geändert, beziehungsweise die Gesetze. So erzählten wir uns unser bisheriges Leben, was wir beruflich taten, wir plauderten über Freundschaft und Liebe und es war wie in alten Zeiten. Du sagtest mir, dass ich damals, in der Grundschule schon wie ein Verrückter vieles zu Papier brachte, vielleicht hatte ich damals schon eine poetische, schriftstellerische Ader. Jedoch hatte ich daran keine Erinnerung. Du hattest klassische Gitarre studiert und mich interessierte dein Werdegang. Mir gefiel dein Gitarrenspiel. Eine deiner Platten hatte ich erworben. Es war schön, dass wir unsere Freundschaft erneuerten und den Kontakt aufrecht hielten. Eine gute Freundschaft ist sehr wertvoll. Mit dir konnte ich auch früher schon über alles reden.

Im Café Atlantik habe ich ganz selten Kaffee bestellt. Vielleicht zwei oder drei Mal, in den meisten anderen Fällen waren es alkoholische Getränke wie Weinschorle, Sangria oder Bier. Das Beste am Atlantik war, dass man geduzt wurde, egal wie alt man war, dass es täglich wechselnde, schmackhafte Tagesgerichte gab und dass man sich selbst sein konnte. Hier waren verrückte Leute, und dies im positiven Sinne. Punker, Musiker, Studenten, Arbeiter. Es ist eine der wenigen Kneipen, die nicht modern umgebaut wurden, sondern in denen seit Jahren dieselbe Einrichtung vorhanden ist.

Es mag etwas schmuddelig aussehen, aber es ist sauber und das Essen lecker und preiswert. Tagesgerichte um die fünf Euro mit Salatbeigabe. Die Bedienungen wissen, was ich bestelle, da ich der einzige bin, der dort Sangria trinkt. Eine Bedienung wunderte sich, ob es das überhaupt gibt. Bei meiner Lieblingsbedienung bekomme ich immer ein großes Glas serviert. Ich habe im Atlantik so viele Erinnerungen, viele Abende verbracht mit Freunden und Bekannten von früher, die heute in sämtliche Himmelsrichtungen verstreut sind. Bei einigen ist der Kontakt abgebrochen, andere sind lediglich lose Bekannte gewesen. Gelesen habe ich manchmal auch, wenn ich auf eine Freundin oder einen Freund von mir wartete. Romane, die ich in der „Jos Fritz" Buchhandlung oder im Rombach kaufte. Meistens gebundene Bücher mit Schutzumschlag, Kapitalband und hochwertigem Papier. Sommerromane von französischen oder lateinamerikanischen Schriftstellern. Ich habe vor Jahren das Rauchen aufgegeben, aber ab und zu gönne ich mir trotzdem eine Zigarette. Wie ich heute im Atlantik draußen unter den Bäumen sitze, kommt mir eine weitere Episode in den Sinn. Ab und zu werden nämlich Konzerte veranstaltet und ich besuchte eines der schrägen Punkband „Nashville Pussy". Noch nie hatte ich ein verrückteres Konzert gesehen, welches aber musikalisch astrein war. Die Gitarristin kippte ihr Bier über einen Besucher aus und riss die Saiten ihrer Gitarre am Ende des Konzertes raus. Rock n Roll! Für mich ist das Atlantik ein zweites Zuhause, meine Lieblingskneipe in Freiburg, denn hier fühle ich mich wohl.

Als ich nun Fotos von Freiburg betrachtete, sah ich einige, die einen Rundblick über die Stadt gewähren. Ich knipste diese vom Kastaniengarten, einem Biergarten, der sich auf dem Schlossberg befindet und den besten Blick über die Stadt bietet. Dieser hat im Sommer und bei warmen Temperaturen auch schon im Frühling geöffnet. Oftmals habe ich dort gesessen und den Blick schwenken lassen, über die Wiehre, den Sternwald, wo ich früher oft grillen war, die Altstadt mit dem Münster und dem Blick auf den Schönberg. Bei gutem Wetter kann man sogar bis zu den Vogesen schauen. Außer Bier werden Flammkuchen, Wurstsalate und Würste angeboten. Wein ebenfalls. Ein Phänomen in Freiburg in den warmen Sommerstunden ist der „Höllentäler", ein Wind, der sich gegen neun Uhr abends bemerkbar macht und den Menschen

Abkühlung nach der Hitze des Tages verschafft. Er zieht durch das Höllental im Schwarzwald und erreicht abends die Breisgau Metropole.

Im Jahre 2002 habe ich ein Jahr lang in Freiburg in der Adelhauserstraße gewohnt. Zentraler war kaum möglich, günstiger ebenfalls nicht und es war ruhig. Ich liebte meine gemütliche Dachwohnung, die sich im vierten Obergeschoss befand. Ein Freund von mir war mein Nachbar und es verging kaum ein Tag, bzw. ein Abend, an dem wir nicht die „Schachtel" besuchten. Diese lag zwischen unseren Wohnungen, die sich maximal zehn Meter voneinander befanden. Die Schachtel ist eine gemütliche und günstige Studentenkneipe, in der man sich wohl fühlen muss. Über die Jahre hat sich nicht viel geändert, außer dass die Besitzer oft wechselten und die alten Film und Musikplakate, die die Wände schmückten, nun bedauerlicherweise nicht mehr vorhanden sind. Dennoch ist es nach wie vor gemütlich und preiswert und im Sommer kann man draußen sitzen und ein Bier oder ein Glas Rotwein trinken und die Atmosphäre genießen. Ich besuche nach wie vor gerne die Schachtel, wenn ich in Freiburg bin, wenngleich die Studenten nach wie vor oftmals Erstsemester sind, und ich nun ja, ein paar Jahre älter, aber mich dennoch gerne weiterhin zu den jungen Menschen zähle.

„Café Batavia, Jakarta“

Mit einem guten indonesischen Freund besuchte ich das koloniale „Café Batavia“ nahe Sunda Kelapa, dem Hafen von Jakarta. Es befindet sich in einem historischen Gebäude, welches um das Jahr 1830 errichtet worden war. Der Charme von Batavia, wie die Stadt von den Holländern genannt wurde, schwebt noch immer in den Gemäuern des Gebäudes. Außerhalb des Cafés allerdings ist Jakarta zu einem Moloch gewachsen, ein nicht endendes Verkehrschaos, die Stadt versinkt in Verschmutzung und die Smog Werte sind erschreckend hoch.

Das Café ist eine Oase der Ruhe und Erholung inmitten dieser großen Stadt und ein Besuch dort sollte man sich als Besucher in Jakarta nicht entgehen lassen, zumal die Hauptstadt Indonesiens nicht gerade mit vielen Sehenswürdigkeiten aufwartet.

Wir hatten eine erholsame, schöne Woche auf Belitung verbracht, einer Insel zwischen Sumatra und Kalimantan gelegen. Ein Jahr zuvor waren wir beide zum ersten Mal dorthin hingereist und freudig überrascht, dass dort ein sehr schönes, kleines Resort in einem tropischen Garten existierte, welches uns Er-

holung und wunderschöne Tage bescherte. Der Tourismus steckt dort zum Glück noch in den Kinderschuhen und ich hoffe, dass es noch lange so bleibt. Der Unterschied zwischen dieser friedlichen Insel und Jakarta könnte nicht größer sein. Für Jakarta reichen ein bis zwei Tage vollkommen aus. Dieses Café sollte man sich nicht entgehen lassen, wenn man sich schon durch den fast immerwährenden Stau vorgearbeitet hat.

Aus Belitung stammt der Autor Andrea Hirata, vom welchem zumindest zwei seiner Bücher in die deutsche Sprache übersetzt wurden: „Die Regenbogentruppe“ und „der Träumer“, beide Bücher beschreiben die Kindheit des Autors in den 70 er Jahren auf der Insel Belitung. Sehr lesenswert.

Indonesien ist ein Paradies, welches aus über 17.000 Inseln besteht. Auf vielen ist Tourismus ein

Fremdwort und Abenteurer können dort auch heute noch ihre Träume von unberührter Natur wahr werden lassen. Man sollte jedoch nicht vergessen, dass Malaria besonders auf Papua und in Kalimantan verstärkt vorkommt. Man sollte auch wissen, dass Indonesien eines der bevölkerungsreichsten Länder ist. Dies wird einem auf der Insel Jawa bewusst, auf der die meisten Indonesier leben. Abseits davon kann man jedoch sein ganz persönliches Paradies finden.

Mein Traum ist es, irgendwann auf die Insel Biak in Papua zu reisen.

Vielleicht lässt es sich eines Tages verwirklichen.

CAFE
BATAVIA

„Perch Café, Taipei“

Taipei, Taiwan. Ich vermute, die meisten Leser waren noch nie dort. Nur wenige besuchen tatsächlich dieses kleine Land, welches für mich jedoch ein Kleinod darstellt. Ich behaupte sogar, dass Taiwan eines meiner Top 3 Länder ist. Warum? Sehr freundliche Menschen, leckeres Essen, schöne Natur und nicht überlaufen von Touristen. Vielleicht ist dies der Grund, warum die Menschen dort so freundlich sind und warum ich immer wieder gerne dorthin reise. Im Jahre 2017 war ich zum vierten Mal dort und habe in Taiwan viele nette Begegnungen gehabt und einige gute Freunde gewonnen, mit denen ich über die Jahre den Kontakt aufrecht gehalten habe.

Seit über zehn Jahren habe ich einen Brieffreund aus Taiwan und wir schreiben uns regelmäßig Postkarten aus verschiedenen Ländern, die wir besuchen. Ich habe Taiwan zum ersten Mal im Jahre 2013 besucht und bin seither fast jedes Jahr zurückgekehrt. Das Kuriose ist, dass ich noch nie in Taiwan in einem Hotel übernachtet habe, sondern mir jedes Mal eine kleine Wohnung reservierte, in der ich meistens für zwei Wochen logierte. Deswegen fühlte ich mich vielleicht

auch immer wie zu Hause. Mit meinem Brieffreund Ethan besuchte ich den „Sun Moon“ See in der Nähe von Taichung sowie einige Sehenswürdigkeiten in Taipei, wie die Nachtmärkte, Taipei 101 und einige Restaurants, in denen ich jedes Mal gut dinierte. Ebenfalls besuchte ich Keelung und Jiufen im Norden, die Taroko Schlucht im Osten des Landes sowie die südliche Stadt Khaosiung.

Zweimal hatte ich mir eine Wohnung im Daan Bezirk von Taipei gemietet und in meiner unmittelbaren Nachbarschaft fand ich ein sehr hübsches, kleines Café, das „Perch Café“, in welchem neben Kaffee auch Tee und einige hausgemachte Desserts angeboten werden. Das Café verfügt über einige Buchregale- Gäste können sich gerne eines der Bücher aus dem Regal nehmen und während des Kaffeetrinkens lesen. Ich

habe selber dieses Kleinod einige Male besucht und es war jedes Mal eine Erfahrung, an die ich gute Erinnerungen knüpfe.

Zurück in Deutschland denke ich an meine letzte Reise nach Taiwan. Mit einem Freund von mir besuchte ich an einem sonnigen Tag Taipei, in der Nähe von Taiwan gelegen mit Ausblick aufs Meer. Wir aßen lokale Spezialitäten wie Xiao Long Bao sowie Teigtaschen und tranken Tee. Ich erinnere mich an eine Fahrt mit einer Seilbahn nach Maokong, von wo ich einen weiten Blick über die grünen Hügel um Taipei genießen konnte. Buchläden sind mir ebenfalls in guter Erinnerung geblieben, oftmals kaufte ich handgefertigte Notizbücher, besondere Postkarten und einige Musikplatten lokaler Künstler. Musik und Kunst ist ja immer länderübergreifend und auch wenn man die Sprache nicht versteht, werden Emotionen erzeugt.

ALWAYS

„Mori no Tokei, Furano, Hokkaido"

Schon die Anreise war ein Erlebnis. Von Sapporo aus fuhr der kleine Zug nach Takikawa, wo ich in einen noch Kleineren mit lediglich einem Waggon umsteigen musste, welcher mich zu meinem Ziel bringen würde. Dies machte mir schon die Spärlichkeit der Landschaft bewusst, dass Hokkaido abseits von Sapporo recht dünn besiedelt ist. Die Schneeflocken fielen vom dunklen Novemberhimmel herab und ich hüllte mich noch tiefer in meine warme Jacke ein. Ein Schneesturm tobte um mich. Nach mehr als zwei Stunden erreichte ich die kleine Stadt Furano, die sich mitten im Herzen von Hokkaido befindet und eigentlich eher ein großes Dorf ist. Ringsum erhoben sich verschneite Wälder und Berge, die den nahen Winter ankündigten. Die nördlichste Insel Japans ist eine Besonderheit. Die Natur ist wild und die Luft rein, die Menschen sind offener und herzlicher als im Rest von Japan, was vielleicht damit zusammenhängt, dass die Insel erst vor weniger als 200 Jahren besiedelt wurde und viele Japaner dort unkonventioneller leben.

Ich hatte ein gemütliches Hotel unweit des Bahnhofes gebucht. Vom Fenster blickte ich auf die verschneite Landschaft und die weißen Dächer. Von allen Seiten umschlang die Natur die Stadt. Ich war überglücklich, hier zu sein, besonders nachdem ich das japanische Drama „Soft times- Yasashii Jikan“ angeschaut hatte. Eine wunderschöne 12 teilige Serie, sehr liebevoll geschrieben, der Autor wohnt unweit des Kaffeehauses, welches ich einen Tag später aufsuchen würde. Es hatte lange gedauert, bis ich mich entschloss, Hokkaido zu besuchen, aber für mich war jeder Tag dort etwas Besonderes.

Bevor ich ins Hotel trat, suchte ich das Besucherzentrum neben dem Bahnhof auf, in welchem mir ein freundlicher Mann einige Broschüren und Informationen überreichte. Wir verständigten uns auf Japanisch, auch wenn meines nicht perfekt war. Ich vernahm jedoch von den meisten Menschen aufmunternde Worte. So auch vom Personal des Hotels- die Managerin berechnete mir während meines Aufenthaltes nicht das Frühstück, obwohl ich es nicht mitgebucht hatte- ein Angestellter sprach sogar ein paar Worte deutsch mit mir, da er früher in Düsseldorf gearbeitet hatte. Es wurde früh dunkel und ich nahm ein Abendessen im „Natulux Hotel“ zu mir, „Curry Rice“. Dann legte ich mich langsam schlafen. Meine erste Nacht auf Japans nördlichster Insel.

Am folgenden Tag stieg ich in einen Bus und fuhr bis zur Endstation am Prince Hotel, welches in der Nähe des Skigebietes liegt und außerdem in der Nähe des Cafés, welches ich beabsichtigte, zu besuchen.

Es war schon nachmittags gegen vier Uhr und etwas dämmrig, als ich schließlich meinen Weg über die Holzstege und den mir durch das Drama vertrauten, wohlbekannten Wald fand. Die Stege waren mit kleinen Lampen weihnachtlich beleuchtet, kleine Holzhäuschen standen dort, in denen verschiedene Waren zum Verkauf angeboten wurden, wie Kerzen, Glaskristalle und Tonwaren. Schließlich stieg ich die Stufen des Cafés hoch und öffnete die Türe. Ein japanischer Willkommensgruß schallte mir vom Kellner entgegen, die instrumentale, sanfte Musik des Dramas dezent im Hintergrund klang an mein Ohr- ich setzte mich an die Bar. Nun befand ich mich im Café „Mori no Tokei", was man in etwa mit „die Uhr des Waldes" übersetzen konnte.

Vor mir wurde eine alte Kaffeemühle aufgestellt, mir wurden Kaffeebohnen überreicht, welche ich langsam in die Mühle schüttete. Dann begann ich mit meiner rechten Hand zu drehen und die Bohnen wurden gemahlen. Mit meiner linken Hand hielt ich die Mühle fest. Dies war eine Besonderheit des Cafés, denn die Gäste konnten den Kaffee selber mahlen, wenn sie wollten- die Tasse Kaffee kostete auf diese Weise etwas mehr. Ein besonderes Gefühl ergriff von mir Besitz- ich fühlte die Anwesenheit von Terao Akira und Ninomiya Kazunari, die Schauspieler, welche neun Jahre zuvor an diesem Ort diese wunderschöne Serie drehten. Vor mir durch die Glasscheibe offenbarte sich der schon etwas verschneite Wald, Bambus und andere Pflanzen, davor einige Kaffeetassen, welche in einer Töpferei nahe des

Nachbarortes Biei geschickt und liebevoll angefertigt wurden und im Drama Anwendung fanden. Ich bestellte ein kleines Stück Schneekuchen, so die Übersetzung. Der Kaffee kostete ca. 650 Yen, fast sechs Euro. Neben mir war eine japanische Familie, Vater, Mutter und die schon erwachsene Tochter, mit denen ich ins Gespräch kam. Die Tochter konnte etwas englisch und hatte eine deutsche Brieffreundin.

Ich überreichte dem Kellner die Mühle, er zeigte mir das von mir gemahlene Kaffeepulver, und übergoss diesen mit einem Sieb in eine bläulich glasierte Keramiktasse. Natürlich trank ich diesen Kaffee schwarz. Ich träumte vor mich hin, hing meinen eigenen Träumen und Gedanken nach. Und ich dachte an meine eigene kleine Kurzgeschichte über Hokkaido, welche ich damals schrieb, als ich die Serie zum ersten Mal sah,

nachdem ich selber einen Töpferkurs absolvierte. Meine kleine Geschichte, die ich so liebte, die durch die Serie inspiriert wurde. Ein wohliges Gefühl umgab mich in diesem gemütlichen, aus Holz gebauten Haus mitten im Wald. Es dämmerte schon, aber ich war so weit entfernt von einer Welt, die ich kannte, von aller Hektik, dass ich in diesem Moment mit mir im Reinen war und keine Wünsche mehr hatte. Ich befand mich in einer anderen Welt, ja Hokkaido konnte ich mit keinem anderen Ort vergleichen. Vielleicht fühlte ich mich auch etwas traurig und einsam, aber es war eine schöne Einsamkeit, in der ich mich geborgen fühlte, die etwas Beständiges und Tröstliches hatte. Ich dachte an den Schriftsteller Ryunosuke Akutagawa, dessen Kurzgeschichten mich faszinierten, die aber in Deutschland kaum bekannt sind. Welcher zu früh verstarb.

Noch einmal schaute ich mich im Café um, dann bezahlte ich, trat ins Freie und spazierte zurück zu einem kleinen Laden, wo ich einige Souvenirs kaufte, unter anderem eine Tasse, wie sie in der Serie Verwendung fand. Sie war sehr teuer, aber so schön angefertigt, dass der Preis für mich dennoch gerechtfertigt war. Die Brenn- und Glasurtechnik der Keramikkunst sind in Japan im Gegensatz zu Europa, verschieden. Furano und Biei sind einige der wenigen Orte auf der Welt, die mich tief beeindruckt haben, durch die Natur und die Abgeschiedenheit.

„Café Cong,
Hanoi,
Café de la Poste,
Saigon,
Vietnam"

Anfang des neuen Jahrtausends lebte ich sechs Monate in Hanoi, Vietnam. Nach dieser damals turbulenten Zeit zog es mich immer mal wieder dorthin zurück, meistens für ein paar Wochen, urlaubsmäßig. Vor kurzem beschloss ich jedoch, mehr als einen Monat in Hanoi zu bleiben und am täglichen Leben teilzunehmen. Ich fand eine schöne, ruhige Wohnung in einer Seitengasse nahe der japanischen Botschaft, siebte Etage, schöne Aussicht, niemand über mir und täglich wurde die Wohnung geputzt und frische Handtücher bereitgestellt. Ich war sehr zufrieden!

In der Nähe befanden sich ein paar kleine Tante Emma Läden sowie Supermärkte, eine Apotheke und ein paar japanische Restaurants. Außerdem das „Café Cong", ein kleines Café in der Van Phuc Straße, gegenüber der Botschaft von Japan, die im Übrigen die größte in Hanoi ist. Das Besondere an diesem Café ist, dass es „alt" eingerichtet ist, sprich mit Gegenständen aus der Vergangenheit Vietnams, die heute nicht mehr benutzt werden, wie alte Transistorradios, Funkgeräte, Militärmützen, etc. Man kann dort auch retrospektive

Notizbücher kaufen, Hemden und natürlich Kaffee, eingepackt in militärisches Packpapier.

Der vietnamesische Kaffee ist einer der stärksten auf der Welt. In Vietnam trinkt man ihn gerne mit süßer Kondensmilch und Eiswürfel, was gerade in den Sommermonaten lecker ist, zumal die Temperaturen oftmals 40 Grad erreichen.

Ich saß gerne in dem kleinen grüngestrichenen Café, trank einen Kaffee und las in Ruhe ein Buch oder beobachtete von meinem Platz aus die anderen Gäste oder blickte auf die Straße, auf der immer unzählige Motorräder fuhren. Mittlerweile vermehrt Autos. Manchmal sinnierte ich über den Wandel in Hanoi, wie schnell sich dieser innerhalb von 13 Jahren vollzog, die Stadt ist modern geworden. Leider schreitet der Fortschritt viel zu schnell voran. Die Umweltverschmutzung ist extrem hoch.

In der gleichen Straße befand sich mein Lieblingsjapaner, der in keiner Zeitschrift oder Werbung angepriesen wird, ich fand ihn gewissermaßen durch Zufall. Als ich zum ersten Mal hineintrat, war der Besitzer, ein Japaner erstaunt, dass ich mit ihm japanisch sprach. Wir freuten uns beide und ich wurde Stammgast, oftmals besuchte ich das „Morizou" dreimal in der Woche und hatte auch meine eigene Flasche Sake bei ihm gelagert.

Omori-san und ich luden uns oftmals gegenseitig auf ein Glas ein, manchmal war ich dort der einzige Gast zur Mittagszeit und es waren kurzweilige Gespräche. Das Essen war lecker wie in Japan- im Gegensatz zu vielen in der Werbung angepriesenen japanischen Restaurants, in denen der Besitzer kein Japaner war und deswegen das Essen auch nicht an die Qualität von Japan heranreichte. Als ich einige Monate später wieder in Hanoi weilte und mit einem deutschen Freund zu ihm kam, war er freudig überrascht, mich wiederzusehen. Ich übrigens auch, denn ich hatte schon vergessen, dass er eine Flasche von mir aufbewahrt hatte, über einige Monate hinweg. Das fand ich erstaunlich und wir tranken einige Gläser davon zusammen mit Sapporo Bier. Dazu ließen wir uns Okonomiyaki schmecken, japanische Pfannkuchen, auf der heißen Platte vor unseren Augen zubereitet.

Ich liebe dieses Viertel von Hanoi, Ba Dinh genannt, abseits des alten Viertels um den Hoan Kiem See. Hier wurde ich nie angesprochen- wenn ich meine Schuhe putzen ließ, musste ich nie den Preis aushandeln und zahlte 20.000 Dong, ca. einen Euro. Ganz im Gegensatz zu der Abzocke, die im Altstadtviertel passiert. Auch die Massagen waren sehr gut, auf japanische Kunden ausgerichtet und sehr entspannend. Überhaupt: ich konnte in einem Supermarkt japanische Keramikteller erwerben, aus Japan importiert und wunderschön angefertigt und glasiert. Meine Affinität zu Japan scheint hier natürlich durch, da ich viele Male Japan besucht hatte, liebe ich das Land und die Menschen- gute Qualität wird vorausgesetzt.

Ich würde jederzeit wieder dort in der Nebenstraße der „Lieu Giai“ eine Weile leben, dieses Service Apartment war sehr behaglich, hochwertiges, gestrichenes

Holz, eine kleine Küchenzeile, ein Balkon und handgemalte, wunderschöne Bilder, auf Leinwand. Nachts konnte ich ruhig schlafen. Was Bilder betrifft, sind die Vietnamesen in der Tat sehr talentiert- es befinden sich in Hanoi ein paar schöne, kleine Geschäfte und Galerien, in denen man die Bilder zusammengerollt kaufen kann, auch ohne Rahmen und auf diese Weise die Bilder praktischerweise nach Europa mitbringen kann.

Als ich Saigon besuchte, kehrte ich im „Café de la Poste" ein. Das Café befindet sich neben dem kolonialen Postgebäude. Es war ein heißer Tag und ich war froh, mich in diesem Café auszuruhen. Ein Ventilator sorgte für Abkühlung und ich bestellte einen Eiskaffee mit süßer Kondensmilch. In dem Café war man vor Verkäufern sicher, die einem Souvenirs, Postkarten und Fächer verkaufen wollten und von denen man auf der

Straße leider sehr oft angesprochen wurde. Ich schrieb einige Postkarten an meine Familie und Freunde und schickte diese nach meinem Cafébesuch im Postgebäude ab.

B612

TRUNG NGUYEN

„Kaffeefarm El Ocaso in Salento, Casa Galeria, Bogotá, Kolumbien“

Zu Kolumbien habe ich einen besonderen Bezug, denn ich war gerade mal 22 Jahre alt, als ich zum ersten Mal dorthin reiste. Zum ersten Mal außerhalb Europas. Damals war es nicht ganz ungefährlich, dorthin zu reisen, besonders Überlandfahrten mit dem Bus. Mittlerweile ist das Land um einiges sicherer geworden, die Herzlichkeit und Freundlichkeit der (meisten) Menschen dort ist mir in guter Erinnerung geblieben. Zuletzt reiste ich fast zwei Monate durchs Land, kreuz und quer und mietete mir für zwei Wochen eine kleine Wohnung in La Candelaria, dem Kolonialviertel von Bogotá.

Kolumbien ist einer der bedeutendsten Kaffeeproduzenten auf der Welt und das mit Recht. Ich habe nie einen besseren Kaffee getrunken, als vor Ort, auch wenn die meisten Leute dort behaupten, der beste Kaffee würde außer Landes exportiert werden. Wenn ich in Europa Kaffee trinke, fehlt mir die Reinheit des Kaffees, ich habe immer das Gefühl, dass er verschnitten ist. In Kolumbien hingegen machte mich der Kaffeegenuss niemals nervös.

So besuchte ich eines Tages, als ich in Salento weilte, eine Kaffeefarm. Mit einem Fahrrad fuhr ich durch die malerische Landschaft des Quindío. Mehrmals täglich werden Rundgänge angeboten, in denen man die Pflanzungen in den einzelnen Stadien besucht, man hat die Gelegenheit, selbst die Kaffeebohnen von den Pflanzen zu pflücken und sehen, wie diese hinterher gereinigt und getrocknet werden. Dabei stellt man fest, dass es eine harte Arbeit ist, denn nur die roten Bohnen dürfen geerntet werden. Schließlich kommt man vor Ort in den Genuss, eine Tasse frischen, aufgebrühten Kaffees zu trinken, umgeben von den Pflanzungen. Die harte Arbeit rechtfertigt einen teuren Preis für den Kaffee. Als ich in Kolumbien weilte, habe ich viele verschiedene Kaffeepackungen einzelner Regionen gekauft, für Familie und Freunde und für mich. Es wird in den verschiedensten Regionen in Kolumbien Kaffee angebaut und leichte regionale Unterschiede sind bemerkbar, auch wenn es sich meistens um die Sorte „Arabica" handelt. Viele behaupten, dass der Kaffee aus Quindío der Beste sei. Ich persönlich habe eine Vorliebe für den aus der Region Nariño im Süden des Landes, ein Mann meinte, dass mittlerweile der aus der Region Huila der Beste sei. So gibt es viele verschiedene Meinungen dazu.

Zurück in Bogotá spazierte ich eines verregneten Nachmittages durch La Candelaria (es regnet oft in Bogotá, da die Stadt auf 2600 Metern liegt und die Wolken sich vor den Bergen leicht erbrechen)und fand ein kleines Café. Im Patio nahm ich Platz und mir wurde ein köstlicher Milchkaffee serviert. Der Name des Cafés ist „Hotel Galeria", da auch einige Zimmer zu mieten sind. Das Café wird sehr häufig von Studenten der nahegelegenen Universitäten frequentiert, aber auch von Touristen, die durch das Kolonialviertel schlendern.

Schon als ich 16 Jahre alt war, hatte ich die beiden großen Romane von Gabriel García Marquez gelesen, also Hundert Jahre Einsamkeit und Die Liebe in den Zeiten der Cholera. Er gilt nicht umsonst als größter Schriftsteller Kolumbiens, ja Südamerikas und in den meisten seiner Romane schillert eine Traurigkeit und Einsamkeit hervor, aber auch eine bildgewaltige Sprache. Ich musste an ein anderes Buch denken, eines von Alberto Vazquez Figueroa, ein spanischer Autor, der ein unvergessliches Buch schrieb, was mich sehr erschütterte „Die Kinder von Bogotá". Darin wird die andere Seite der Stadt beschrieben, die Unbarmherzige, aus der Sicht eines ehemaligen Straßenkindes, was schließlich zum Mörder wurde. Nun 15 Jahre später sah man fast keine mehr auf den Straßen, da die meisten in den Kanalisationen der Stadt leben, um nicht von irgendwelchen Todesschwadronen gelyncht zu werden. Damals, im Jahre 2000, sprach ich mit einigen. Obwohl sie selbst fast nichts hatten, gaben sie mir etwas von ihrem Essen ab, als wir uns unterhielten- ich hätte fast geheult. Natürlich schenkte ich ihnen auch etwas.

Als ich mich nun im Café umblickte, saß lediglich eine Studentin an einem anderen Tisch. Die Wände waren hübsch in gelber Farbe angemalt, dazwischen einige Blautöne, Blumen und ein altes, schwarzes

Telefon als Requisite. Ich träumte etwas vor mich hin, malte mir einige Geschichten aus, aber ich konnte keine zustande bringen. Ideen hatte ich jedoch einige. Im Patio war eine Hängematte befestigt, in die ich gerne gestiegen wäre, aber der Tag war etwas kühl und ich war kein Gast der Pension.

Später würde ich wieder zu der kleinen Eckkneipe schlendern und den Iren treffen, der ebenfalls wie ich eine Wohnung für ein paar Wochen in Bogotá gemietet hatte. Wir saßen jeden Abend an der Bar und irgendwann sprach ich ihn an. Tim sagte mir, dass er ebenfalls schon ein Buch geschrieben hatte. Er kannte sich gut in Literatur aus, hatte wie ich, viele Bücher von Graham Greene gelesen und sagte mir, was für ein Dilemma es sei, dass er eine feste Freundin hatte, die in Dublin wohnte, er jedoch für einige Zeit in Süd-

amerika und um ihn viele, hübsche Frauen. Ich schmunzelte und erwiderte, dass seine Freundin doch in Irland sei. Darauf stießen wir an.

POKER

„Pucón, Frutillar, Chile“

Chile: 16 Flugstunden von Deutschland entfernt. Südamerika, europäischer Einfluss. Viele Menschen sprechen deutsch. Besonders in der Seenregion des Landes um Frutillar, Puerto Varas und Pucón lässt sich der Einfluss der damaligen Auswanderer aus Deutschland nicht leugnen. In den Cafés wird Apfelstrudel angeboten und viele Einheimische verstehen zumindest etwas deutsch, auch wenn die dritte Generation nicht mehr unsere Sprache spricht. Dennoch war ich auf einem Ausflug freudig überrascht, dass Kinder einer chilenischen Familie deutsch sprachen. Die Mutter sagte mir, dass ihre Söhne eine deutsche Schule in Santiago besuchen. Hut ab!

Chile ist ein schönes, zivilisiertes Land, in dem naturbegeisterte Menschen ihr Eldorado finden. Sei es Klettern, Bergsteigen, Wandern oder Ausflüge in die Natur. Der schmale Streifen dehnt sich weit vom Norden bis nach Patagonien im Süden. Um solch ein Riesenland zu bereisen, braucht es Zeit, wenn man vieles besuchen will.

Nach einem sehr interessanten Abstecher in den Norden des Landes um das Kleinod San Pedro de

Atacama, von wo aus ich meinen bisher höchsten Berg bestieg, den Cerro Toco, 5604 Meter, verweilte ich einige Tage in Santiago de Chile sowie in der malerischen Hafenstadt Valparaiso. Dort fotografierte ich eine Hauskachel, auf welcher ein schöner Spruch von García Lorca geschrieben stand: „Quiero mi libertad, mi amor humano" (Ich liebe meine Freiheit, meine menschliche Liebe).

Zuvor hatte ich „La Sebastiana" besucht, eines von drei Häusern, die Pablo Neruda bewohnte.

Schließlich flog ich nach Temuco und nahm von dort einen Bus, der mich bis Pucón bringen würde. Pucón liegt am Villarica See, nach dem gleichnamigen Vulkan in der Nähe benannt, dessen Spitze aber fast immer von Wolken bedeckt ist. Es regnete unaufhörlich, als ich dort weilte. Mein Zimmer in

der kleinen Herberge war dafür umso gemütlicher und ich wärmte mich bei einer heißen Dusche auf. Das Bett verfügte über viele Decken und war sehr einladend. Was mir am meisten gefiel, war jedoch die Freundlichkeit einer deutschen Praktikantin und eines argentinischen Rezeptionisten, mit denen ich interessante Gespräche bei einer Tasse Kaffee in der Küche des urigen Hauses führen konnte. Ich spazierte zum nahe gelegenen See, aß in einem Lokal zu Mittag und besuchte Thermalquellen außerhalb Pucóns.

Mit dem Argentinier leerte ich am Abend einige Flaschen Bier und eine mit Rum, nach welcher wir nicht mehr nüchtern schlafen gingen. Als ich mitten in der Nacht ins Badezimmer lief, stolperte ich über den Argentinier, der vor meinem Zimmer auf dem Boden schnarchte. Tja, der Rum…

In Puerto Varas hatte ich mich in einem noblen Hotel einlogiert, von dort konnte ich das Zentrum zu Fuß erreichen und besuchte den „Club Aleman“, einen deutschen Verein, der als Restaurant fungiert. Das Essen war leider sehr bescheiden. So fuhr ich mit einem Bus ins nahe gelegene Frutillar, die Sonne erhellte das malerische Panorama und ich genoss es, am See entlang zu schlendern und in einem kleinen Café einen Apfelstrudel mit Sahne zu essen und dazu einen Kaffee zu trinken. Die Strahlen der Sonne spiegelten sich im See, doch der Vulkan zeigte sich unbeeindruckt und versteckte sich schüchtern hinter den Wolken, die ihn beschützten.

Meine Gedanken wanderten zu der überaus reichen chilenischen Literatur. Ich hatte einiges von Pablo Neruda gelesen, zwei seiner schmucken Häuser besichtigt und liebe seine Autobiographie „Ich bekenne, ich habe gelebt“. In Puerto Varas fand ich in einer kleinen Buchhandlung einen kleinen, liebevoll gebundenen Gedichtband von Vicente Huidobro, der jedoch mit Neruda nicht gerade freundlich verbunden war. Die Gedichte sprachen mich jedoch mehr an als die von Neruda. Antonio Skarmeta schließlich ist vielen ein Begriff durch seinen Roman „mit brennender Geduld“, welcher verfilmt wurde und in welchem die Freundschaft zwischen Neruda und seinem Postboten dargestellt wird. „Mein Vater aus Paris“ ist ein kleiner, aber feiner Roman von ihm, den ich mehrmals gelesen habe. Einmal sandte ich dem Autor eine Mail und freute mich sehr, dass er antwortete. In Chile hat fast jedes

Kind den Roman „der letzte Schiffsjunge der Boquedano“ gelesen. Dieser stammt von Francisco Coloane, der in Patagonien lebte und einige weitere Bücher und Geschichten über diese recht karge Landschaft beschrieb. Mir hat dieser Jugendroman sehr unterhaltsame Stunden beschert. Leider kennen in Europa die meisten Leser lediglich Romane der völlig überbewerteten Isabel Allende, der Frau des früheren Präsidenten, der beim Putsch von Pinochet das Leben ließ.

Meine Augen glitten wieder über den See und verschmolzen mit den verschiedenen Blautönen, die sich in dem Gewässer spiegelten.

„Borges y Alvarez Café in El Calafate, Patagonien, Café del Fin del Mundo, Ushuaia, Argentinien"

Aerolineas Argentinas benötigte mehr als dreieinhalb Stunden für den Flug von Buenos Aires nach El Calafate. Dies lässt schon auf die immense Größe des Landes schließen. Ein kalter Septembermorgen brach an, als ich in Patagonien landete. September bedeutet Winter in Argentinien und in Patagonien ist es das ganze Jahr über konstant kalt. In Buenos Aires hatte ich mir einige Tage zuvor eine dicke Daunenjacke gekauft. Leider befiel mich eine Krankheit. In der gemütlichen Unterkunft meiner gemieteten Pension lag ich fiebrig und schwitzte aus allen Poren. Dennoch fror ich. Das Fieberthermometer zeigte über 38,9 Grad an und ich musste mich hinlegen, trank lediglich einige Tassen Matetee und hoffte auf eine baldige Genesung. Selten hatte ich so hohes Fieber. Zwei Tage später und einige Paracetamol weniger, fühlte ich mich besser, spazierte durch den kleinen Ort, in dem es vor streunenden Hunden nur so wimmelte. Einige davon fletschten die Zähne. Der Ort selber hatte eine große

Dichte an Souvenirläden, Restaurants und einigen Cafés.

Da der Ort überschaubar war, hatte ich mir die Zeit genommen, ein schönes Café zu finden. Das Buchcafé „Borges y Alvarez", im Holzstil gehalten, warm, mit vielen Büchern zum Lesen und einigen, die zum Kauf auslagen. Vom Café aus blickte ich auf einen kleinen Innenhof und die Straße. Vor dem Café war auf einer Tafel geschrieben: „Quiero vivir con la mano en el corazón", zu Deutsch, „ich will mit der Hand auf dem Herzen leben". Der Spruch berührte mich, besonders nach meiner Genesung und ich sah wieder einen Lichtblick am Horizont.

Die meisten Argentinier, die ich traf, empfand ich als ruppig und nicht besonders freundlich. In jenem Café jedoch wurde ich sehr freundlich empfangen. Der Kaffee duftete wunderbar und ich konnte einem selbstgebackenen Stück Apfelkuchen aus Streusel mit Sahne nicht widerstehen. So schritt meine Genesung schnell voran. Der junge Kellner und seine in der Küche arbeitende Freundin stammten aus Buenos Aires- durch die wachsende Arbeitslosigkeit und Kriminalität in der Hauptstadt hatten sich die beiden entschlossen, in Patagonien ihr Glück zu suchen und hatten jenes kleine Café eröffnet. Ich wünschte beiden viel Glück. Es erklang Musik im Hintergrund, was mich zurücklehnen lies. Ich mochte Cafés und Restaurants mit Musik- wenn gar keine erklang, so empfand ich das als ungemütlich und abweisend. Musik gehörte dazu. Auf meinem Tisch lagen Reisepläne, Landkarten und ein Ticket für einen Ausflug für den folgenden Tag.

Einen Tag später würde ich zum Perito Moreno Gletscher fahren, ein grandioses Naturspektakel für mich, an jenem Tag war ich aber nur froh, wieder gesund zu sein, von keinen Hunden angefallen zu werden (die mir teilweise unheilvoll hinterherliefen und nicht zu meinem Befinden beitrugen) und in aller Ruhe einen reinen Kaffee zu trinken und dazu ein Stück Kuchen zu essen. Ich fühlte mich heimisch in dem Café, zumal der Ort wenig gastlich war (wie die meisten Leute) und die Umgebung sehr abweisend.

Im Café las ich ein kleines Buch mit Gedichten von Jorge Luis Borges, den ich in Argentinien lesen „musste". Ich kaufte mir auch einen kleinen Bildband über Patagonien als Erinnerung. Die Region selber ist knapp besiedelt und wenn man mit dem Auto unterwegs ist, kann es mitunter Tage dauern, bis man auf jemanden trifft. Ich notierte mir einige Gedanken in mein Reisetagebuch, welches mein konstanter Reisegefährte war und teilte mit ihm meine Gefühle und Empfindungen. Dies war befreiend, wenn man wie ich manchmal keinen Reisegefährten neben sich hatte.

Schließlich führte mich meine weitere Reise weiter in den Süden des Landes bis zur südlichsten Stadt der Erde, Ushuaia. Um dorthin zu gelangen, musste ich um 3 Uhr morgens an der Busstation sein, zweimal umsteigen, unter anderem in Rio Grande, die Magellanstraße mit der Fähre durchqueren, die Grenze zu Chile ebenso und dann wieder zurück nach Argentinien und

traf nach fast 21 Stunden im Bus gegen Mitternacht in Ushuaia ein. Ich war froh, dass der Wirt meiner Pension noch wach war, kurz danach schlief ich in meinen Kleidern auf dem Bett ein, unter meinem Fenster die Lichter der Stadt wie in einer Miniaturlandschaft, die langsam verlöschten.

Der nächste Morgen brach malerisch in der südlichsten Stadt der Erde herein. Ich schlenderte zum Hafen, besuchte das Gefängnismuseum und lief durch die kleine kaum 80.000 Einwohner zählende Stadt, die von Gletschern umgeben ist. Ich unternahm einen Ausflug zu einem Camp, in welchem Huskys für Expeditionen für die Antarktis trainiert werden, sowie einen weiteren in den Nationalpark Feuerlandes, welcher sehr interessant war und mir zeigte, dass die Natur dort noch intakt ist.

Zurück in Ushuaia besuchte ich das „Café del fin del Mundo", also das Café am Ende der Welt. Ein Milchkaffee wärmte mich wieder auf, ließ mich meinen Gedanken nachhängen und auf die Bucht hinausschauen. Für einen Moment erinnerte ich mich des Romans „Kamtschatka" von Marcelo Figueras, der mich sehr berührt hatte und der zur Zeit der Militärdiktatur spielte. Dieser wurde übrigens auch grandios verfilmt.

Einen weiteren Schluck Kaffee trinkend, blickte ich träumend Richtung Kap Horn.

QUIERO VIVIR
CON LA MANO
EN EL CORAZÓN!

USHUAIA
BUENOS AIRES 30
LA QUIACA 49

„Moana Cafe, Perth, The Sandbar, Scarborough Beach“

Nachdem ich viele Cafés und Städte rund um die Welt beschrieben habe, ist mir aufgefallen, dass ich keine aus Australien erwähnt habe. Das soll sich nun ändern, denn um es vorweg zu nehmen, Perth ist meine absolute Traumstadt! Mehr als 300 Sonnentage pro Jahr, Traumstrände in der Nähe, sicher und eine absolut lebenswerte Stadt. Vielleicht liegt es auch an der isolierten Lage, denn die nächste Großstadt liegt über 2000 Kilometer entfernt: Adelaide. Im Jahre 2011 hatte ich fast einen Monat dort verbracht und einen guten, treuen Freund kennengelernt, mit dem mich heute noch eine gute Freundschaft verbindet- einer der wenigen, die mich nie enttäuscht haben und mir ab und zu ganz altruistisch neue Lieder zusendet. In diesem Jahr hatte ich eine lange Tour durch Australien unternommen, die mich zuerst nach Darwin, dann nach Perth, Melbourne, Sydney und Brisbane und erneut nach Perth führten. Ich hatte in Melbourne das Gefühl, ich sei in Europa und in Brisbane regnete es ununterbrochen- die Stadt erschien mir grau. Aber vielleicht hatte ich einfach das Beste schon gesehen, nämlich diese grandiosen Farben der südlichen Hemisphäre, dieses Blau, in welches man versinken will und die gutgelaunten, freundlichen Menschen mit ihrem eigenen Sinn für Humor. Jeder Morgen blickte ich aus meinem Hotelzimmer in East Perth und das Blau des Himmels begrüßte mich-keine einzige Wolke und dies während meines gesamten Aufenthaltes. Natürlich unternahm ich einige Ausflüge in die Umgebung, wie zu den Pinnacles, zum Wave Rock, ins Swan Valley, nach Margaret River und zur Südwestspitze Cape Leeuwin.

Zwischendurch unternahm ich einige kleinere Ausflüge mit meinem Freund Gerain nach Mandurah oder zu einem der Strände wie Cottesloe Beach, Scarbourough Beach und ins malerische Fremantle, wo wir bei „Cicerellos“ Fish und Chips aßen. In Scarborough Beach übernachteten wir eine Nacht in einem kleinen Hotel unweit des Strandes und frühstückten am nächsten Morgen ausgiebig in der „Sandbar“ mit Blick auf den indischen Ozean und den kilometerlangen Sandstrand. Wir waren zufrieden, wir genossen den Sommer und die unbeschwerte Zeit, die wir miteinander verbrachten. Ich bin nicht zu abergläubisch, aber mit Schützen komme ich meistens gut aus. Gerain ist Schütze. Auf dem Balkon der „Sandbar“ wehte eine Brise, die die 37 Grad erträglich werden ließ. Wir schlenderten anschließend zum Strand und warfen uns in die Wellen, die sehnsüchtig auf uns warteten. Am Strand war es kaum auszuhalten, da kein Schatten vorhanden war und so hielten wir uns nur kurz dort auf. Wir unternahmen ebenfalls einen Ausflug von

Fremantle nach Rottnest Island, welche meines Erachtens den feinsten, schönsten Sand auf der Welt besitzt.

Ich muss gestehen, dass ich kein einziges Buch eines australischen Autors kenne, bin mir aber sicher, dass es auch australische Autoren gibt, die mir leider gänzlich unbekannt sind.

Zwei Jahre später besuchte ich Gerain erneut und es war wieder genauso schön wie beim ersten Mal. Selbst im März zeigte das Thermometer noch hohe Temperaturen an und wir wiederholten unseren Ausflug nach Scarborough, welches man übrigens bequem von der Perth Bus Station in knapp vierzig Minuten erreicht.

Nach dieser Reise kehrte Gerain nach Kota Kinabalu zurück, von wo er stammte und ich reiste viel durch Portugal, Spanien und Südamerika. Im Januar 2017 kehrte ich zurück und es war genauso wie bei meinen ersten Besuchen. Blauer Himmel, Sonne, heiß. Gerain war leider nicht da und ich vermisste ihn sehr, da wir viel zusammen erlebten, wie zum Beispiel, den Sonnenuntergang vom Kings Park, von welchem man den besten Ausblick auf die Skyline von Perth und den Swan River hat, zu betrachten. Ich lernte Menschen kennen, die ebenso nett waren. Eine Freundin von mir aus Perth, die ich eigentlich besuchen wollte, war zu dieser Zeit leider nicht dort. Stephanie hatte ich in Kolumbien kennengelernt und wir hatten dort eine nette Zeit zusammen verbracht. Es ist ein komisches Gefühl, wenn man Orte erneut besucht, und dann sentimental wird, weil man sich an die Erinnerungen

klammert, die man dort erlebt hat. Man kann die Zeit leider nicht zurückdrehen. Ich hatte mir ein Zimmer in einem Hotel in der Hay Street, einer der zentralen Straßen von Perth gemietet. Die Lage war ideal, das Zimmer bezahlbar. Man muss wissen, dass die Hotels in Westaustralien, besonders in Perth teuer sind. Das „Comfort Hotel" in East Perth war mir etwas zu teuer geworden, 120 Euro pro Nacht! Die Hotels sind durch die Minenindustrie in Westaustralien teurer als im Osten des Landes. Diese Industrie ist nun jedoch Vergangenheit, die teuren Preise sind leider geblieben.

Kaum fünfzig Meter von meinem Hotel befindet sich das etwas versteckte Café „Moana" im ersten Stock eines Gebäudes in der Hay Street. Das Café verfügt über einen Balkon, auf welchem man bequem Kaffee oder Milchshake trinken kann und von schatten-

spendenden Bäumen umgeben ist. Das junge Personal ist sehr fröhlich und würde selbst den größten Griesgram zum Lächeln bringen. Als ich meinen Shake trank, genoss ich die legere Atmosphäre in Downtown und träumte, dass ich irgendwann vielleicht in dieser Stadt ein kleines Apartment bewohnen könnte, mit Aussicht auf den Fluss. Und jemanden zum Knuddeln hätte.

„Opera Bar, Sydney"

Wenn mich jemand fragt, welche Städte ich in Australien mag, dann erwähne ich meistens Sydney, Cairns und natürlich Perth. In diesem Kapitel möchte ich über Sydney schreiben, Perth habe ich im vorigen bereits beschrieben. Sydney ist eine Weltstadt und verfügt über eine der besten Skylines der Welt. Mir fällt nur Hong Kong ein, die eine ähnlich beeindruckende hat. Die Stadt liegt am Wasser und man sollte einige Tage dort verbringen, denn die unzähligen Sehenswürdigkeiten lohnen sich. Nicht nur in der Stadt, sondern auch außerhalb, wie die Blue Mountains oder das Weingebiet Hunter Valley. Soweit ich mich erinnere, habe ich zweimal die Stadt besucht, einmal während meiner großen Australientour, ein weiteres Mal hatte ich mich ausschließlich auf Sydney fokussiert und mir ein geräumiges Service Apartment in Darling Harbour für eine Woche gemietet. Zentrale Lage, sehr wohnlich. Ich besichtigte die Stadt, den Hyde Park, unternahm eine Bootstour, bewunderte die beeindruckende Harbour Bridge und das weltberühmte Opernhaus. Von dort schlenderte ich durch den botanischen Garten, besuchte das Seeaquarium und genoss die Zeit dort. Ich

traf einige Leute, die dort wohnen, hatte ein paar Dates und unternahm einen Ausflug ins Weingebiet Hunter Valley. Da ich gutem Wein nicht abgeneigt bin, hatte ich dort einige besondere Weine gekostet, wie einen süßen Shiraz. Dieser Ausflug hat mir sehr viel Spaß bereitet, da ich nette Mitreisende hatte und die Tour, je länger sie dauerte, immer fröhlicher wurde, bedingt durch die verschiedenen Weinproben. Nun trinkt man nicht volle Gläser und spült danach mit einem Glas Wasser seinen Gaumen aus, aber dennoch wird eine gewisse Wirkung nicht verfehlt. Eine Frau aus Frankreich, die wie ich alleine unterwegs war, flirtete mit mir und wir verstanden uns gut. Sie war zwar einige Jahre älter, hatte jedoch einen guten Humor. Nach dem Tagesausflug verabredeten wir uns tags darauf zu einem Kaffee im Viertel The Rocks, unweit von Circular

Quay, von wo die Fähren nach Manley abfahren und wo einige Aborigines ihre Didgeridoos spielen. Myriam und ich hatten vorher schon abgemacht, dass wir nach einer Tasse Kaffee zur Opera Bar aufbrechen wollten, die einen kurzen Spaziergang entfernt lag. Dort ergatterten wir Plätze mit Blick auf die Harbour Bridge. Unnötig zu erwähnen, dass die Oper direkt daneben lag. Die Opera Bar in Sydney besitzt diese einzigartige Lage und dementsprechend sind die Preise im oberen Bereich. Wir bestellten während des Abends mindestens zwei Flaschen Wein, ich ließ Myriam aussuchen, da sie eine Weinkennerin war. Und in diesem Falle Ladys zuerst. Für mich eine gute Entscheidung, denn der Wein schmeckte vorzüglich, das Essen ebenfalls, als die letzten Strahlen der Sonne sich auf der anderen Seite von uns verabschiedeten. Es war ein wunderschöner

Abend, die Sterne der südlichen Hemisphäre leuchteten über uns und wir genossen das schöne Leben in einer der lebenswertesten Städte der Erde. Wir waren nach diesem Abend nicht mehr nüchtern und es kann durchaus sein, dass wir insgesamt drei Flaschen Wein zusammen tranken, denn am nächsten Morgen wachte ich verkatert auf. Das Interessante an der Begegnung mit Myriam war, dass wir uns eine Woche später erneut in Singapur trafen, wo sie temporär arbeitete und einige Monate später in Montpellier, als wir beide wieder europäischen Boden unter den Füßen hatten. Nein, wir hatten keine Affäre, uns verband die Affinität zum Wein, aber wir waren beide keine Alkoholiker, auch wenn an einem Abend viel Wein floss. Es ist eine schöne Sache, nette Reisende zu treffen und an verschiedenen Orten auf der Welt sich wiederzusehen und einen netten Abend zu verbringen.

„Epilog"

Nun sind die Kaffeegeschichten geschrieben, editiert und Sie als Leser haben teilgenommen an meinen teilweise sehr persönlichen Erlebnissen, die ich rund um die Welt in den aufgeführten Orten erleben durfte. Vielleicht haben Sie eine Tasse Kaffee getrunken, während sie gelesen haben. Möglicherweise möchten Sie an einige der erwähnten Orte fahren und die Cafés besuchen. Erlebnisse lassen sich nicht wiederholen, die Gefühle, die man einmal erlebt hat, geschehen zu einem bestimmten Zeitpunkt. Deswegen neigt man zu einer gewissen Nostalgie, wenn man erneut einen Ort besucht, an welchem man schöne Erinnerungen erlebt hat. Ich habe natürlich viel mehr Orte besucht als die aufgeführten, aber ich wollte eine Auswahl treffen und nur bestimmte Orte sowie Cafés erwähnen, die mich beeindruckt haben und die etwas Besonderes sind. Es kann gut sein, dass einige Cafés nur für mich dieses gewisse Etwas haben, für jemand anderen jedoch nicht. Vielleicht muss man auch die Fähigkeit haben, sich auf einen Ort einzulassen und verzaubern zu lassen. Ich hoffe, dass Ihnen dieser kleine Band gefallen hat und vielleicht etwas Sehnsucht hervorruft. In jedem Falle wäre es schön, wenn er Ihnen Freude bereitet hat. Mir hat es schöne Stunden beschert, die Geschichten aufzuschreiben und die Fotos auszuwählen. Ich möchte besonders dem Wiesenburg Verlag für die Unterstützung danken.